LE
V. EMMANUEL RUIZ

Franciscain de l'Observance

ET SES

SEPT COMPAGNONS

Martyrs de Damas

PAR

LE P. VICTOR BERNARDIN, DE ROUEN,

RELIGIEUX DU MÊME ORDRE.

Au profit de la Cause de Béatification.

PARIS
LIBRAIRIE VEUVE MAGNIN et FILS
3, RUE HONORÉ-CHEVALIER, 3.

1886

LE

V. EMMANUEL RUIZ

APPROBATION.

Nihil obstat ex parte Ordinis quominus imprimatur.

Romæ, die 26 Februarii 1886.

Fr. Bernardinus, *Min. Gen.*

Pour nous conformer aux prescriptions du Pape Urbain VIII, nous déclarons qu'en parlant de la sainteté de nos Vénérables Serviteurs de Dieu, nous ne prétendons nullement devancer le jugement de l'Église Romaine dont nous serons toujours, avec la grâce de Dieu, le fils soumis et dévoué.

Paris. — Imp. G. Téqui, 92, rue de Vaugirard, 92.

LE

V. EMMANUEL RUIZ

Franciscain de l'Observance

ET SES

SEPT COMPAGNONS

Martyrs de Damas,

PAR

LE P. VICTOR BERNARDIN, DE ROUEN,

RELIGIEUX DU MÊME ORDRE.

Au profit de la Cause de Béatification.

PARIS

LIBRAIRIE VEUVE MAGNIN et FILS

3, RUE HONORÉ-CHEVALIER, 3

1880

LE

V. EMMANUEL RUIZ

Franciscain de l'Observance

ET SES SEPT COMPAGNONS

Martyrs de Damas.

CHAPITRE I

MASSACRES DANS LE LIBAN

Le temps qui emporte tant de souvenirs n'a pas encore effacé de notre mémoire les tragiques évènements dont la Syrie fut le théâtre en 1860. Ces scènes de carnage et d'horreur dont l'écho eut un si douloureux retentissement dans nos cœurs de Chrétiens et de Français donnèrent lieu aux plus émouvantes péripéties. Je ne peindrai pas en détail chacun de ces lugubres tableaux. S'élançant de leurs montagnes, les

Druses, ces irréconciliables ennemis du nom Chrétien, fondent sur les villages comme un torrent dévastateur : partout sur leur passage les récoltes sont saccagées, les demeures incendiées, les habitants cruellement égorgés. Ni l'innocence de l'enfant, ni les cheveux blancs du vieillard, ni la faiblesse de la femme si scrupuleusement respectée en Orient, n'obtient grâce à leurs yeux ; en tous lieux le feu, le fer, le déshonneur, la mort !

Affolées, les tristes épaves de cette tourmente accoururent dans les villes comptant trouver près de l'administration centrale aide et protection. Hélas ! déception cruelle ! Encouragés par la coupable connivence des autorités et peut-être même secrètement soudoyés par elles, les Musulmans, s'enivrant de haine au chant de leur hymne religieux et guerrier : « Qu'il est est doux de tuer des Chrétiens, » achèvent ces lamentables débris, puis, rivalisant de vandalisme et de cruauté avec leurs sauvages émules du désert, aux ruines des villages, joignent les ruines des cités. Deyr-el-Kamar, Zahleh, Hasbeya, Rachaya,

Saïda, Damas, sont tour à tour livrées aux fureurs de cette soldatesque barbare et cruelle.

Arrêtons un instant sur Damas un regard mêlé de douleur et d'indignation.

Le drame dont nous allons tracer une rapide esquisse a pour prologue une insulte aux principales puissances Européennes. Pour un disciple de Mahomet tout chrétien est un *Chien* !

Prenant donc cinq de ces animaux, les Infidèles trouvent plaisant de les décorer chacun du nom d'un Souverain de l'Occident, puis les promenant par la ville : « Voilà ton Chef ! disent-ils aux Chrétiens qu'ils rencontrent, voilà ton Roi ! voilà ton Empereur ! »

Mais dans cette manifestation populaire, c'est moins l'autorité souveraine qui se trouve visée que la croyance religieuse : c'est le Croissant qui veut abattre la Croix. La lutte va se préciser, et à ce jeu sarcastique succèdera bientôt une ironie sacrilège : ici encore le chien devient l'instrument inconscient de la profanation. Les monarques de tout à l'heure portent maintenant attaché au cou le signe auguste de notre Rédemption et tout Chrétien est contraint de fléchir le genou devant l'animal ainsi affublé !

Insulte aux gouvernements chrétiens d'abord, insulte à la foi ensuite ; le mal progresse. Outrés et inquiets, les Consuls se transportent chez le gouverneur Ahhmed-Pacha, et demandent réparation. On paraît les écouter : on donne à leurs trop justes plaintes un semblant de satisfaction : on va même jusqu'à faire arrêter certains coupables, mais par une habileté toute orientale, le perfide Gouverneur sait encadrer sa timide répression d'une circonstance dont l'effet sera d'aggraver la situation. Par son ordre, les prisonniers, au lieu d'être conduits directement au palais, sont condamnés à défiler par le quartier chrétien et cette humiliation porte les Infidèles au paroxysme de la fureur.

Toutefois le sang n'a pas encore coulé. Les sicaires hésitent : un peu d'énergie et de fermeté de la part de l'autorité peut conjurer tout malheur. Mais ce bon vouloir, faut-il l'attendre du fanatisme musulman ?

Un coup de canon part de la demeure du Pacha, rappelle les troupes à la citadelle et les y consigne. Que va maintenant devenir l'ordre dans la ville ainsi livrée sans défense aux caprices d'une populace exaspérée? Cette situation n'échappe pas aux forcenés: ils comprennent que toute liberté leur est donnée et dès lors se livrent sans crainte à tous les excès.

Le principal quartier des Chrétiens portait le nom de Harat-el-Nassara: c'était comme une ville dans la ville même, belle, propre, industrieuse, active et opulente. Là se trouvaient réunis, dans 3.800 maisons, 19.000 Chrétiens, exerçant tous les arts: architectes, sculpteurs. peintres, maçons, médecins, négociants occupant de six à huit mille ouvriers à la confection de ces magniques étoffes de Damas que tout le monde connaît et admire. Au milieu de cette florissante population, outre les églises des Rites Orientaux, s'élevaient les établissements européens des Franciscains de Terre-Sainte, des Lazaristes, des Sœurs de Charité; partout régnaient, grâce au travail et aux pratiques religieuses, la paix, le bonheur et le bien-être. Mais que vont devenir toutes ces richesses sous les coups de cette soldatesque qui s'avance avide de pillage et altérée de sang ?

Hélas ! ce que deviennent ces trésors, il n'est que trop facile de le prévoir : tout est emporté, saccagé, détruit ! Le pillage était déjà organisé et fonctionnait sans obstacle quand arrivent du désert Bédouins, Kurdes, Druses et Métoualis, tous réclamant leur part à la curée. On s'empare de tout ce que l'on trouve de précieux, puis s'allument les incendies au milieu desquels s'accomplissent les massacres. La désolation est complète ; onze églises, tous les établissements, toutes les habitations, cette ville tout entière en un mot, naguère si prospère et si coquette, n'offre plus maintenant aux regards qu'un monceau de cendres fumantes sous lesquelles sont ensevelis les habitants.

Qui peindra jamais les scènes navrantes de ce drame qui rappelle les plus tristes époques de l'histoire du genre humain ? Les Chrétiens sont parqués comme des troupeaux de moutons destinés à la boucherie et qu'immolent sans se lasser des égorgeurs couverts de sang. On évalue à 12,000 le nombre des victimes qui tombèrent dans ces jours néfastes. Horrible détail ! des centaines de chiens périrent pour s'être trop gorgés de chair humaine et après que le feu eut fait son œuvre en calcinant les ossements, il fallut encore quarante mulets fortement chargés pour porter au loin les restes décharnés de cette gigantesque hécatombe (1).

CHAPITRE II

Résidence des Pères de Terre-Sainte a Damas

Les Franciscains de Terre-Sainte, en possession depuis plusieurs siècles de dé-

(1) A. Poujoulat. La vérité sur le Liban. — P. Marcellino, da Civezza. Storia universale delle Missioni Francescane.

fricher sous le rapport spirituel la terre ingrate de la Palestine et de la Syrie, envoyaient chaque année à Damas quelques Religieux pour visiter et assister les Catholiques Latins de cette ville. Le troupeau fidèle fut longtemps fort restreint : ce n'étaient guère que des négociants Européens venus dans ces pays pour leur commerce. Mais avec le temps la population Catholique augmente, et alors se fait sentir le besoin de secours plus stables. Cette nécessité n'échappe pas au zèle des Missionnaires. Ils ouvrent des négociations en ce sens et parviennent à établir au commencement du XVIIe siècle une demeure fixe. Il y avait donc environ 150 ans qu'ils se livraient à toutes les œuvres du saint ministère avec l'ardeur et la foi du prêtre qui quitte sa patrie pour gagner des âmes à Dieu quand se déroulèrent les évènements que nous venons de raconter et déjà ils possédaient, outre leur couvent doté d'une riche bibliothèque, une église, paroisse des Latins, un hospice et des ecoles. Ecoutons le témoignage que leur rendait à peu près au temps du désastre un homme du monde, pieux et impartial v... ..., qui, dans le récit de son voyage, déc... .. à chacune des communautés religieuses la part d'éloges auxquelles elle a droit. Après avoir donné des louanges méritées aux anciennes missions des Pères Jésuites à Damas et à celles plus récentes des Lazaristes, après avoir payé un juste tribut de vénération et de gratitude aux admirables Sœurs de Charité, nobles et dignes femmes, honneur de la religion et de la France, qui, là, comme partout, remplissaient avec la plus héroïque abnégation et le dévouement le plus absolu les fonctions, parfois si pénibles à la nature, de sœurs infirmières pour les malades, de mères dévouées pour les orphelins et les enfants, de maîtresses infatigables pour leurs nombreuses élèves, M. G. de Salverte s'exprime ainsi sur le couvent des Franciscains :

« De leur côté les Pères de Terre-Sainte ont ouvert une école qui ne compte pas moins de cent six élèves, sous la direction de trois professeurs, l'un Religieux et comme tel ne recevant aucun traitement, les deux autres laïques, se partageant une somme annuelle de 3.220 piastres, soit 358 francs pour chacun d'eux. A l'instruction élémentaire, ces maîtres joignent la pratique d'un métier professionnel, tel que celui de serrurier, de charpentier, de tailleur. Enfin, loin de recevoir éventuellement la moindre rétribution des élèves, les Pères de Terre-Sainte partagent chaque jour avec les plus pauvres leur pain et leur soupe.

« Cependant à force de sacrifices, ils ont enfin pu établir un collège arabe dans leur couvent. Là, comme à Harissa, dans le Mont-Liban, les jeunes Missionaires qui arrivent chaque année d'Europe, se préparent à la prédication par l'étude approfondie des langues orientales.

« Ce couvent, suivant la règle de l'Ordre, accueille gratuitement chaque étranger quelle que soit sa fortune, quelle que soit sa croyance.

« Mais Damas est le seul point de la Syrie où les Franciscains puissent rendre un nouveau service à la religion et couronner tant d'œuvres méritoires. La garde des Sanctuaires et des lieux consacrés par la mémoire de J-C. ou des Apôtres, est exclusivement réservée aux Pères de Terre-Sainte en Palestine. Ils en sont responsables, en quelque sorte, envers la catholicité toute entière ; à Damas, ils ont même le pieux devoir de conserver et d'entretenir la chapelle basse construite sur la maison d'Ananie.

« Ils nous menèrent au dehors de la ville, sur la route de Jérusalem, à l'endroit où s'était opéré le miracle de la conversion de saint Paul. Saul, frappé de cécité, fut conduit par la main dans une maison dont on montre encore la place ; il y resta trois jours sans boire ni manger.

« Plus loin, on nous fit voir la fenêtre d'où ses disciples le descendirent un jour dans une corbeille pour le soustraire à la fureur des Juifs (1). »

Telle était donc la situation des Franciscains à Damas le 9 Juillet 1860 (2). Mais laissons passer la nuit, nuit de désolation, de ruines et de meurtres, et tout aura changé

(1) G. de Salverte. La Syrie avant 1860.

(2) Les désordres commencèrent le 7 Juillet dans la ville; mais le couvent ne fut envahi que le 9.

de face. Ne demandez plus l'église : ne cherchez plus le couvent : ne parlez plus d'école; on ne vous montrerait que quelques débris de murailles, squelettes meurtris léchés par les flammes, seuls points de repère restant aujourd'hui pour reconnaître le lieu qu'occupaient hier les monuments. « Notre église est complètement détruite, écrivait en 1861 le T. R. P. Fulgence Rignon, Commissaire Général de Terre-Sainte à Paris, lors d'une visite qu'il faisait sur les lieux mêmes du sinistre, et quoique notre couvent fût solidement construit en briques et pierres, cependant il n'en reste plus à présent que quelques pans de murs calcinés, quatre voûtes noircies par le feu et l'escalier principal avec ses marches et les murs qui lui servaient de cage. »

Le désastre matériel est donc complet : mais dans ce total effondrement de leur habitation que vont devenir les Religieux? Instruits de l'imminence du danger, les Consuls les font prévenir de quitter leur maison, et de venir immédiatement chez Abd-el-Kader où les avaient déjà précédés les Lazaristes, les Sœurs de charité et certains Chrétiens : «Que craindrions nous? répondent les Franciscains nous n'avons jamais fait que du bien aux Musulmans, pourquoi nous feraient-ils du mal ? Nous avons dans nos classes leurs enfants qui nous regardent comme leurs pères. Si la maison d'Abd-el-Kader est française, la nôtre l'est aussi. Nous sommes paroisse française et qui nous touche, touche à la France (1) . »

Nobles paroles, généreux sentiments, mais hélas ! illusion fatale ! Le bras de la France n'a rien perdu de sa force ni de sa vaillance : son cœur est toujours grand et sensible. A peine son oreille a-t-elle entendu cet appel suprême, qu'elle s'est ébranlée, mais hélas ! mille lieues la séparent de l'endroit où son secours est réclamé et quand elle arrivera, elle ne pourra que pleurer sur la tombe des huit Religieux Franciscains morts en réclamant son assistance et venger leur trépas avec celui de ses autres protégés.

(1) A. Poujoulat, la vérité sur le Liban.

CHAPITRE III.

LE V. EMMANUEL RUIZ.

Le Supérieur de la pieuse colonie était le R. P. Emmanuel Ruiz.

Né en 1803 à la montagne de Rinosa, en Espagne, le futur martyr avait pris le saint habit de l'Observance en 1825 dans la Province de l'Immaculée Conception. Ses études furent brillantes. Doué d'une intelligence remarquable, le jeune Religieux fournit avec éclat le cycle des cours de philosophie et de théologie. Mais, prévenu de la grâce divine, il a compris que sans la vertu le savoir ne sert de rien : aussi à l'acquisition des connaissances humaines, s'efforce-t-il de joindre la science des saints. Le flambeau de la foi éclaire son esprit et le feu de la charité embrase son cœur. Mais c'est peu de brûler lui-même de cette flamme céleste, s'il n'en répand la douce influence autour de lui. Le feu est communicatif de sa nature : aussi les bornes de sa patrie ne suffisent bientôt plus à son zèle : il lui faut de plus vastes horizons à embraser : Il lui faut des rivages lointains à parcourir. Ses Supérieurs ont reconnu l'appel de Dieu et dans le courant de l'année 1831, il s'embarque pour la Terre-Sainte.

Au comble de ses vœux, le fervent missionnaire se livre avec toute l'ardeur de sa foi à la sanctification de ces populations asiatiques. Dieu bénit les travaux de son missionnaire et des fruits consolants de salut couronnent ses efforts. Mais un obstacle s'oppose à la réalisation de tout le bien qu'il projette. Si quelques gens comprennent les langues Européennes, la généralité des habitants ne parle que l'arabe ; mais quelle barrière peut arrêter une âme comme la sienne ! Bientôt il possède le mécanisme de cette langue et dès lors rien n'arrête plus l'élan de son zèle.

Toujours sur la brèche s'il s'agit d'une âme à gagner à J.-C , il ne connait ni fatigue, ni repos. Mais douze ans de travaux consécutifs ont épuisé ses forces. Si l'âme sait commander à la nature, il est une limite de lassitude qu'on ne saurait dépasser impunément. Le soldat ne peut être toujours à l'étranger sur les champs de bataille : il lui faut parfois le repos de la garnison et le souffle de l'air natal pour réparer les pertes que les combats incessants ont infligé à son organisme. Notre vaillant athlète revient donc en Europe prendre ce repos qu'il a si bien mérité et puiser au sein de la patrie une vigueur qu'un corps exténué ne possède plus. Mais ce n'est qu'une trêve qui doit le préparer à de nouveaux assauts. Aussi à peine se sent-il revivre qu'il reprend de nouveau le bâton du missionnaire et retourne en Orient. L'éclat de sa vertu le fait d'abord élire Supérieur de la communauté de Ramleh en Judée, l'Arimathie de l'Evangile, puis bientôt de Damas.

Le voilà donc arrivé sur le théâtre de la lutte suprême. Depuis quelques jours, il voyait monter l'orage et se préparait à une attaque prochaine. Dès le 2 juillet, il exprimait sa pensée sur la gravité de la situation dans une lettre au T. R. Père

Joseph-Marie Ballester, Procureur de la Custodie Franciscaine de Terre-Sainte à Jérusalem et dont nous emprunterons souvent les souvenirs dans cette notice. Le dernier écrit d'un martyr est une relique précieuse : qu'on nous permette donc de reproduire ici ces lignes qui résument les faits à la veille de l'attentat.

« Révérend Père Procureur,

« Nous nous trouvons en grand danger et menacés à la fois par les Druses et par le Pacha de Damas qui leur fournit les moyens de mettre à mort tous les Chrétiens sans distinction d'Européens ou d'Orientaux. Cette ville regorge de malheureux habitants de la montagne échappés au massacre ; ce sont des Chrétiens de tous les Rites du Liban où furent égorgés une foule d'hommes, de femmes et d'enfants. Ici le premier jour de la fête actuelle (1) était désigné pour le massacre général. Les Druses étaient arrivés dès la veille en grand

(1) Le Ramadan.

nombre : ce qu'ayant appris, les Consuls et les plus riches d'entre les Chrétiens se présentèrent chez le Pacha et chez les principaux Turcs du Divan (1) les mains remplies d'or. C'est ainsi que fut obtenu et publié un édit qui défend qu'aucun Chrétien ou aucun Juif ne soit molesté. On distribua aussi des gardes dans les divers quartiers de la ville, mesure qui continue encore aujourd'hui.

« Que la volonté de Dieu soit faite.

« Votre frère.

« EMMANUEL RUIZ. »

Le sursis ne devait pas être de longue durée et la catastrophe prévue allait presque aussitôt justifier les appréhensions. Ce fut dans la nuit du 9 juillet que sonna l'heure du combat.

Dès qu'il en acquiert la certitude, le Père Supérieur ordonne d'exposer le T. S.-Sacrement pour obtenir du Ciel ou l'éloignement de cette tempête menaçante ou du moins la force de vaincre par une mort

(1) C'est le tribunal Turc.

généréuse. Puis du pied de l'autel, il adresse aux Chrétiens consternés et tremblants qui sont venus chercher un refuge dans l'église, de chaleureuses exhortations, sorte de testament spirituel qu'il va lui-même bientôt sceller de son sang.

Mais voici que l'ennemi approche. Déjà l'on entend le bruit montant des bandes furieuses dont le flot destructeur va s'abattre sur le couvent. Le généreux confesseur est prêt à livrer sa vie : mais que va devenir son Dieu ? ne sera-t il pas soumis aux profanations sacrilèges des mécréants ? Il ouvre donc le tabernacle et consomme à la hâte les saintes espèces.

Cependant la lutte a commencé. Les Infidèles pressent le vaillant missionnaire d'embrasser le Mahométisme. Mais est-ce pour renier sa foi qu'il a quitté sa patrie, traversé deux fois la mer, enduré tant de fatigues, affronté tant de périls ? Peut-être nourrit-il depuis de longues années dans son cœur le secret désir de verser son sang pour sa foi. L'occasion s'en présente : comment ne l'accueillerait-il pas avec empressement ! Sa résistance est donc inébranlable et ne pouvant vaincre sa détermination, les sicaires décident sa mort. Mais c'est à la tête de ses hommes et au champ d'honneur que doit tomber le capitaine. Il mène donc ses bourreaux à l'église et, gravissant les degrés de l'autel, il s'élève une dernière fois avec la force et l'onction que les circonstances présentes donnent à sa parole contre la fausseté de la loi de Mahomet, proteste avec l'amour et la foi du martyr qui va répandre son sang pour son Dieu, qu'il est Chrétien et qu'il veut mourir en Chrétien, puis appuyant son front sur la pierre où tant de fois il a offert la divine victime : « Coupez, » dit-il aux assassins. Un instant après, cette tête vénérable, semblant encore vouloir prononcer le saint nom de Jésus, roulait sur la table de l'auguste sacrifice, tandis que son corps, s'affaissant sur le marchepied, l'inondait de sang.

Le père était âgé de 57 ans, et en avait passé 35 en religion dont 29 dans les missions.

Un coup de cloche retentit aussitôt : c'était un signal convenu : « Première messe à Napoléon ! » s'écrient les égorgeurs.

CHAPITRE IV.

LE V. CARMEL BOTTA.

Il est écrit : « Je frapperai le pasteur et les brebis seront dispersées (1). » Ces paroles, vérifiées dans la personne du Pasteur par excellence et de ses disciples, se trouvent renouvelées dans celle du P. Carmel Botta et des fidèles de Damas.

Le P. Carmel Botta naquit à Réal de Gandie, province de Valence, en 1802 et fit profession solennelle dans l'Observance en 1825. Il avait donc un an de plus que le P. Emmanuel Ruiz et le même nombre d'années de vie religieuse.

Comme le P. Supérieur, le jeune Carmel, favorisé d'une intelligence d'élite, avait fait de brillantes études. Son application ne s'étant jamais démentie, il était arrivé au terme de ses cours orné de connaissances variées qui pouvaient lui assurer

(1) Matth. xxvi 31.

une carrière distinguée. Jeune, actif, instruit, d'un caractère sympathique, d'un commerce doux et agréable, il voyait l'avenir lui sourire et se présenter devant lui riche de promesses. Mais lui aussi a entendu la parole d'En-Haut : « Sors de ta patrie, quitte ta famille et la maison de ton père et viens dans la terre que je te montrerai (1). » Sa famille, il y a longtemps qu'il lui a dit adieu, la maison de son père, voici plusieurs années qu'il en a franchi le seuil pour n'y plus revenir. Mais un dernier sacrifice lui est demandé : abandonner sa patrie au moment où il pourra commencer à y travailler avec fruit et partir pour un pays inconnu dont les mœurs seront tout autres, dont le climat ne sera plus le même, dont le langage lui est inconnu, dont la religion fait un devoir de haïr ce qu'il aime le plus au monde. Une vertu vulgaire se serait laissé déconcerter. Mais une âme généreuse ne sait pas transiger avec l'appel de Dieu ; il part donc sans hésiter, laissant tout pour la terre étrangère qui lui est montrée.

(1) Gen. XII. 1.

A peine arrivé, il se met avec ardeur à l'étude de cette langue arabe dans laquelle il devra désormais exercer son ministère. Grâce à sa facilité naturelle et au zèle qu'il y apporte, il en a bientôt vaincu les difficultés. Il en pénètre même tellement les secrets et y acquiert une telle aisance qu'il est désigné pour y initier les jeunes Religieux que la divine Providence enverra défricher la même terre.

Mais ce professorat ne sera pour l'actif missionnaire qu'un premier passe-temps destiné à le délasser de travaux plus sérieux ; son véritable emploi ce sera le soin des âmes. Le P. Emmanuel a la direction générale de la maison : le P. Carmel reçoit le soin de la paroisse. A lui la charge des âmes ; à lui la fonction de paître le troupeau fidèle ; à lui la mission de stimuler les languissants, de fortifier les faibles, de soutenir et d'élever à une plus haute perfection les cœurs généreux. Pasteur plein de tendresse et de sollicitude, il se fait tout à tous pour les gagner tous à J.-C. (1). Comme l'apôtre des nations, il

(1) 1 Cor. IX. 12.

peut dire : « Qui est faible sans que sa faiblesse ne me touche ? qui est scandalisé, troublé dans sa foi, dans sa conduite, dans la paix de son cœur, sans que je ne brûle de zèle pour le secourir, sans que j'en ressente la plus vive douleur (1) ? » Aussi les habitants de Damas lui ont-ils voué la plus grande vénération, et sa mort sera-t-elle un deuil pour toute la ville.

Il semblerait que tant de travaux devraient absorber la vie d'un homme. Mais telle est son activité qu'il trouve encore du temps pour enseigner aux jeunes Damasquins les éléments de l'Italien ; il a même encore des loisirs pour orner l'église. Il sait quelle influence la décoration brillante et la pompe extérieure du culte excercent sur l'imagination impressionnable des peuples orientaux. L'infatigable curé n'a garde de négliger auprès de ses paroissiens ce langage des yeux. D'ailleurs pour lui, comme pour son Séraphique Père, son Dieu n'est-il pas son tout (2) ?

(1) II. Cor. XI. 29. Comm. de Théoph.

(2) *Deus meus et omnia !* Exclamation favorite de St François.

Aussi après une journée de labeurs, son repos de prédilection sera-t-il de préparer au divin Maître une demeure moins indigne de sa Majesté Suprême. Le zèle de la maison de Dieu dévore notre apôtre (1). Mais la maison de Dieu, c'est à la fois l'édifice où réside ce Dieu d'amour et le cœur des fidèles : les deux attireront donc toute l'attention du fervent missionnaire.

A ne juger les choses qu'au point de vue humain, il semblerait qu'un homme si dévoué à la gloire de Dieu, si utile au salut des hommes, dût fournir une longue existence ici-bas. Mais que les jugements de Dieu diffèrent des nôtres !... La couronne était tressée : le fidèle serviteur est appelé à la ceindre.

A l'arrivée de la soldatesque, il s'est retiré dans un réduit obscur. Parfaitement soumis aux décrets d'En-Haut, il attend la manifestation à son égard de la volonté divine. Entendons-le pendant ces heures de mortelles angoisses redire avec un sentiment profond d'héroïque résigna-

(1) Ps. LXVIII. 10.

tion : « Mon Père, que ce calice s'éloigne de moi : mais que votre volonté soit faite et non pas la mienne (1) ! » Puis le souci de ses chers paroissiens occupe sa pensée : eux aussi vont se trouver dans un grand péril. Satan a demandé à les cribler comme on crible le froment : leur foi sera-t elle assez ferme ? leur courage ne chancellera-t-il pas ? les apprêts du supplice, la violence de la douleur, les appréhensions de la mort amèneront peut-être quelque défection ! Il me semble entendre l'âme du pasteur s'exhaler dans cette prière suprême : « J'ai fait connaître votre nom aux hommes que vous m'avez donnés du monde : c'est pour eux que je prie. Lorsque j'étais avec eux, je les gardais en votre nom. J'ai conservé ceux que vous m'avez donnés et nul d'entre eux ne s'est perdu. Voici maintenant que je vais à vous : je ne vous demande pas de les retirer du monde, mais de les préserver du mal (2). »

Cependant sa retraite a été découverte : au prix de l'apostasie il peut avoir la vie

(1) Luc. xxii, 42.
(2) Joann. xvii, 6, 9, 12, 13, 15.

sauve. Mais le mobile de toute sa vie n'a-t-il pas été la méditation de cette parole : « Que sert à l'homme de gagner l'univers s'il vient à perdre son âme, et s'il la perd que donnera-t-il en échange » (1) ? D'ailleurs ne vient-il pas d'adresser à Dieu une prière sublime pour la persévérance de ses enfants spirituels : comment cette invocation touchante ne lui aurait-elle pas obtenu à lui-même les grâces de combat les plus efficaces ? Mais laissons parler un témoin oculaire.

« Nous étions cachés séparément le P. Carmel et moi, dit dans sa déposition authentique Démétrius Arausak, Grec-Catholique de Damas, homme grave de 55 ans. Voilà que deux heures après minuit arrive un Turc qui découvre la retraite du Père et s'écrie : « Celui-là vit encore ! » puis il lui assène un vigoureux coup d'un gros bâton sur les reins et s'en va. Je viens alors trouver le Père qui m'exhorte à fuir et me dit de prier, pour qu'il fit une bonne mort, car « je meurs » ajouta-t-il : je retournai

(1) Matth. XVI, 26.

alors dans ma cachette. Deux heures plus tard, vinrent deux Turcs, grands amis du Père et qui l'engageaient à venir chez eux : « Volontiers, répondit-il, si vous voulez me rendre ce service. — Faites-vous Musulman, reprirent-ils, et venez avec nous. — Me faire Musulman, repartit avec indignation le P. Carmel, jamais ! car J-C. a dit : « Ne craignez pas ceux qui tuent le corps : mais craignez ceux qui peuvent tuer le corps et l'âme (1) ». — « Chien ! s'écrient les Turcs et ils l'assomment d'un coup de massue : » il était dans la Mission depuis 29 ans.

Un nouveau coup de cloche annonce le triomphe du soldat du Christ : « Seconde messe pour le Consul de France ! « hurlent avec une joie féroce les bandits.

CHAPITRE V

Le V. Engelbert Kolland.

De même que dans un parterre on ne rencontre pas deux fleurs exactement du

(1) Matth. x 28

même éclat, dans un verger deux fruits absolument de la même saveur, de même dans le jardin de l'Eglise, toutes les vertus produisent des fleurs et des fruits toujours exquis, mais qui pourtant diffèrent entre eux. « Autre est l'éclat du soleil, dit saint Paul, autre l'éclat de la lune, autre l'éclat des étoiles. Un astre diffère d'un autre astre en clarté (1). »

Le P. Engelbert Kolland, dont la jovialité de caractère contrastant, avec les deux figures que nous venons d'esquisser, nous a suggéré les réflexions qui précèdent, était né à Ramsau dans le Tyrol allemand en 1827. Dieu parla de bonne heure à son cœur. A ce moment où la vie se présente au jeune homme avec ses mirages et ses séductions, il avait déjà compris ce que Salomon ne sut qu'avancé en âge, après avoir épuisé la coupe des plaisirs et savouré l'enivrement des grandeurs et des richesses, que tout est vanité (2), hormis aimer Dieu et le servir lui seul (3). Désa-

(1) 1. Cor. xv, 41.
(2) Eccl. I, 2.
(3) Imit. I. 1.

busé de tout ce qui passe avant d'en avoir connu les charmes trompeurs, notre adolescent, le cœur vierge encore de tout contact fâcheux avec le monde, revêtait à l'âge de vingt ans les livrées séraphiques dans la province de Saint-Léopold.

Son caractère, avons-nous dit, était enjoué. Est-il étonnant qu'ayant conservé exempte de toute souillure la fleur de la vertu, qu'ayant dès le printemps de sa vie secoué le dur esclavage du monde pour porter le joug doux et léger de Jésus-Christ, il ait été récompensé dès ici-bas de ce que l'on appelle son sacrifice et mis en possession de cette paix intérieure que le monde ne peut donner (1) ? N'est-il pas écrit : « Dieu aime celui qui donne avec joie (2) » et ailleurs : « Réjouissez-vous sans cesse dans le Seigneur. Je vous le répète, réjouissez-vous (3). » C'est jusqu'à vingt-deux fois que saint Paul dans ses Epitres recommande la joie aux fidèles. Qui donc pourra blâmer notre jeune étu-

(1) Prière de l'Eglise.
(2) 2. Cor. ix, 7.
(3) Philip. iv, 4.

diant de sa gaieté ? Disons-le donc sans crainte : il avait le don de saisir le côté original des choses et de le faire ressortir avec finesse. Sa correspondance est émaillée de traits piquants qui font naître le sourire sur les lèvres : on cite aussi de sa jeunesse monacale certains faits qui lui ont plus d'une fois attiré des réprimandes et même des punitions de la part de Supérieurs qui, tout en admirant sa vertu, auraient alors aimé à le voir plus austère observateur de la gravité religieuse et de la discipline claustrale. Mais qu'y faire ? Nul n'est enfant comme un moine : comme il a l'âme tranquille et sans souci, le moindre incident provoque chez lui une joie candide.

Le P. Engelbert avait donc ses moments d'hilarité : mais il avait surtout ses heures de recueillement. Il connaît le conseil de l'Esprit-Saint : « Avant la prière, préparez votre âme et ne soyez pas comme un homme qui tente Dieu (1). » Aussi quelles que soient les préoccupations qui assiègent

(1) Eccl. XVIII, 23.

son esprit, a-t-il soin de leur donner congé avant d'entrer à l'audience du divin Maître. Qui nous dira combien sont intimes les communications de son cœur avec le seul objet de ses affections ! Qu'on le regarde au saint autel, qu'on l'examine pendant l'oraison, partout et toujours on croirait voir, au témoignage de ceux qui l'ont connu, un ange descendu sur terre et abîmé dans les douceurs d'une profonde contemplation. L'exercice peut être prolongé, jamais il n'y éprouvera de lassitude. Pour son cœur bien préparé, la conversation de l'adorable Sagesse n'a rien de désagréable, ni sa compagnie rien d'ennuyeux : il n'y trouve au contraire que satisfaction et que joie (1) : « c'est qu'en effet Dieu est bon pour ceux qui ont le cœur pur (2). » Il n'est pas de ces hommes dont parle le Prophète, qui « étendent une nuée au-dessus leur tête et arrêtent ainsi le vol de leurs prières (3). » Et de fait quel obstacle pourrait s'opposer à ce doux épanchement ?

(1) Sag. VIII, 16.
(2) Ps. LXXII, 1.
(3) Threnn. III 44.

Les souvenirs? mais n'a-t-il pas quitté le monde avant de connaître ses mensonges? Les regrets? mais n'a-t-il pas conservé pure de toute tache la précieuse parure de son innocence? Le travail? il sait sans doute que l'homme est condamné au labeur et il n'a garde de se soustraire à cette loi générale; mais il connaît dans quelles limites et dans quel temps il doit s'y appliquer: « Que ceux des Frères à qui le Seigneur a fait la grâce de travailler, lui a dit son Séraphique Père, travaillent avec fidélité et dévotion, de sorte qu'évitant l'oisiveté, ennemie de l'âme, il n'éteignent pas en eux l'esprit de la sainte oraison et de la dévotion auquel sont subordonnées toutes les autres affaires temporelles (1). »

Homme d'oraison, il est encore un homme d'étude. Il sait que, « les lèvres du juste instruisent un grand nombre d'hommes, tandis que les ignorants mourront dans l'indigence de leur cœur (2): » il sait encore que « les lèvres savantes sont un

(1) R. s. Fr. Cap. v.
(2) Prov. x, 21.

vase précieux (1) » que « le cœur du méchant recherche le mal, mais que le cœur droit recherche les sciences (2). » D'ailleurs il est ministre de Dieu et il n'ignore pas que « les lèvres du prêtre seront les dépositaires de la science et que c'est de sa bouche que l'on recherchera la connaissance de la loi, parce qu'il est l'ange du Seigneur (3). » Il étudiera donc les sciences sacrées, mais il ne négligera pas les connaissances profanes. Polyglotte distingué, il parle sept langues, le latin, l'allemand, l'anglais, le français, l'italien, l'espagnol, et l'arabe. Dans un pays où se donnent rendez-vous tant d'étrangers de nationalités diverses, de quelle ressource n'eût-il pas été, quels services, semble-t-il, n'eût-il pas rendus !... Mais n'anticipons pas sur les évèments !

A Balsaro dans sa patrie, le P. Engelbert exerce pendant plusieurs années le ministère paroissial. Pendant sept ans, il se livre à ces saintes fonctions avec tout le

(1) Prov. xx, 15.
(2) Prov. xxvii, 21
(3) Mal II, 7.

zèle d'un cœur brûlant de charité pour le salut de ses frères. Mais ce n'était pas sur ce théâtre que Dieu le voulait : une voix intérieure l'appelait en Terre-Sainte. Il s'en ouvre à ses Supérieurs qui, après s'être assurés du caractère divin de sa vocation, le laissent partir en 1855. C'est ainsi qu'au moment des évènements que nous racontons il partageait avec le P. Carmel, dont il était vicaire, la sollicitude pastorale et tous les Catholiques, dit le procès de Béatification, l'aimaient comme un père.

Mais voici le moment suprême.

A l'approche du danger, le P. Engelbert se souvenant du conseil évangélique. « Si l'on vous persécute dans une ville, fuyez dans une autre, » prend un déguisement et se réfugie avec un Maronite nommé Métri dans la maison Kahala voisine du couvent Mais bientôt reconnu à ses sandales, il est assailli par les assassins. « Un des Turcs qui avait un fusil, tira sur lui, dit un témoin oculaire, Lucie Farezli, grecque Catholique de Damas. Mais le coup ne partit pas, et le Père, s'emparant de l'arme, pénétra dans un appartement. Les Turcs l'y suivirent, se saisirent de lui, l'arrachèrent de cet asile et le conduisirent dans la cour. »

Alors commença pour lui un martyre dont les circonstances furent cruelles et dramatiques.

Maîtres de sa personne, les Turcs essaient par tous les moyens possibles de le faire apostasier : mais la grâce divine le soutient et tous les efforts restent sans résultat. On essaie des promesses, on a recours aux menaces : le soldat de J.-C. rit des menaces et méprise les promesses. A tout il n'oppose qu'une seule réponse : « Je suis chrétien et ministre de J.-C. Mahomet est un imposteur : plutôt mille morts que de le reconnaître pour un prophète inspiré de Dieu ! — Alors nous te tuerons, s'écrient les assassins et nous te donnerons en pâture aux chiens tes pareils ! — Faites ce qu'il vous plaira, réplique le Père avec le calme et la sainte liberté que le Seigneur donne aux défenseurs de sa cause : Dieu a mis mon corps entre vos mains et pas un cheveu de ma tête ni un poil de ma barbe ne tombera sans sa permission.

Mais tremblez qu'il ne prenne en main la défense de son serviteur et que pour venger ma mort il ne fasse périr misérablement un grand nombre de Turcs ! »

A ces mots il reçoit sur la tête un grand coup de sabre qui lui enlève un lambeau de chair. Mais Dieu soutient son martyr qui voit successivement tomber sans s'émouvoir et sans faiblir ses mains et ses bras. Désespérant alors de vaincre sa résistance héroïque, les bourreaux qui lui avaient déjà porté six coups de hache lui en assènent un septième qui consomme son sacrifice.

Pour la troisième fois la cloche sonna : « Troisième messe pour Lanusse, chancelier du Consulat de France ! » vocifèrent les sicaires.

CHAPITRE VI.

Le V. Nicanor Miànio.

Le Père Supérieur, le Père Curé et le Père Vicaire ou second Curé — comme on dit en Orient pour distinguer le Religieux chargé de cet office du Père Vicaire de la communauté, — l'Etat-Major de la pieuse cohorte est tombé tout entier. Privée de ses guides spirituels, que va devenir la petite troupe ? Le danger est pressant : le combat est engagé, la mêlée est terrible ; ô Dieu soutenez les défenseurs de votre nom ! Mais ne craignons rien : les soldats sont dignes de leurs chefs et pas un ne faillira au devoir. Ils sont entrés huit dans la lice, tous les huit triompheront par un glorieux trépas. Poursuivons donc notre récit sans appréhender la moindre défaillance.

Le P. Nicanor Ascagne Mianio vit le jour en 1814, dans la ville de Relos d'Albassès en Castille. Ce que furent ses premières années, il nous est facile de le supposer, par ce que nous connaissons de sa vie. Un saint des premiers âges de l'Eglise arrivé à l'âge de puberté et sur le point de choisir un état de vie, fut favorisé d'une admirable vision : devant ses yeux se présentèrent deux vierges d'un port modeste et majestueux, qui l'engageaient à s'attacher à leur suite : c'étaient la Chasteté et l'Amour de Dieu. Le jeune homme les suivit et grâce à leurs enseignements devint une des plus brillantes lumières du monde chrétien.

Le jeune Nicanor vit-il briller à ses regards une image semblable, nous l'ignorons : mais ce que nous savons, c'est que dès sa plus tendre adolescence, il marcha dans les sentiers de ces admirables conductrices. « Il est bon à l'homme, dit l'Esprit-Saint, de porter dès sa jeunesse le joug de Dieu (1). » Ce joug doux et suave, le pieux jeune homme le veut pour son partage. A l'âge de 16 ans, mis en demeure de se prononcer sur le choix d'une carrière : « Le Seigneur, s'écrie-t-il, est la part qui m'est échue et la portion de mon héritage (2), » et il va solliciter l'habit des Frères Mineurs de l'Observance. Admis dans ce saint asile de la pénitence et de la prière : « Je n'ai demandé qu'une seule chose au Seigneur, s'écrie-t-il dans l'ivresse de son bonheur, c'est d'habiter la maison du Seigneur toute ma vie, de goû-

(1) Threnn. III, 27
(2) Ps. XV, 5.

ter les douceurs de son service et de visiter son saint temple (1). »

Oui, généreux Postulant, le Seigneur a souri à la spontanéité de votre démarche et accepté l'offrande volontaire de vous-même. Mais « nous n'avons pas de demeure fixe sur la terre (2). » Cette loi est générale et quelle que soit la sainteté du lieu qui nous abrite, nous ne saurions être à couvert des vicissitudes humaines. Des jours mauvais se sont levés sur l'Espagne. Le faible Ferdinand VII a modifié les lois qui régissent la succession au trône : la ligne masculine est écartée. Alors éclate la guerre civile entre Carlistes et Christinos et, à la faveur des dissensions intestines, les églises sont pillées, les couvents forcés, et les Religieux dispersés et plusieurs massacrés.

Voilà donc notre jeune profès de nouveau lancé au milieu de l'agitation du monde. Adieu, s'écrie-t-il avec douleur, cellule où j'ai passé tant d'heures délicieuses ! adieu,

(1) Ps. XXVI, 7.
(2) Hebr XIII, 14.

cloître, où tant de fois je fus édifié du recueillement de mes frères ! adieu, chœur, où je chantais avec tant d'allégresse les louanges de Dieu ! Que ce départ du couvent dut lui être pénible ! Ceux-là seuls qui l'ont goûtée connaissent toute la douceur de la vie monastique. « Vous m'avez trompé, Seigneur, vous m'avez trompé, s'écriait un saint dans l'enivrement de son bonheur : vous ne m'annonciez que croix, affliction, pénitence : d'où vient donc que je ne goûte que joie, paix et contentement d'esprit !... » Ah ! c'est que si la racine de la vertu est amère, les fruits en sont d'une ineffable suavité.

Dans ces causes de force majeure qui le chassent, le P. Nicanor voit la manifestation de la volonté divine : il se soumet donc et prie le Seigneur de bénir sa sortie comme il avait béni son entrée (1), puis il prend le chemin de son pays natal. Après de fortes études ecclésiastiques, il est promu au sacerdoce : mais il est disciple de l'homme apostolique par excellence instruit dans la prière par une inspiration di-

(1) Ps. cxv, 8.

vine « qu'il n'est pas prévenu de la grâce pour lui seul, mais pour le salut de plusieurs (2). » A la suite de son séraphique Père, le jeune Religieux prend le bâton du missionnaire et le voilà qui parcourt les villes et les bourgades, exposant à tous les vérités de la foi, rappelant avec force « l'unique chose nécessaire, » le soin de son âme, Ses discours sont pénétrés du feu qui l'embrase lui-même : sa parole est onctueuse et incisive ; les indifférents sont remués, les pécheurs brisent leurs chaînes et les justes se sentent fortement portés à devenir meilleurs.

Voilà près de vingt ans qu'il exerce le ministère évangélique. Les anges ont compté le nombre des âmes qu'il a retirées des griffes de satan et ramenées à Dieu. Un homme ordinaire eût pu s'enfler de ces succès. D'un autre côté dans le monde la vie est plus facile, le bien-être plus grand, la nature plus satisfaite. Mais est-ce pour satisfaire la nature qu'il s'est donné à Dieu dès le début de son existence ? est-ce pour

(2) Off. de S. Fr.

chercher le bien-être qu'il est entré au couvent? est-ce pour se procurer les commodités de la vie qu'il a fait profession d'une règle austère? Contraint de vivre en dehors de la discipline religieuse, il souffre, son âme est inquiète et son cœur est privé d'un élément nécessaire à son bonheur. Dans ses heures d'oraison, il confie sa peine au divin Maître : mais au lieu de diminuer, son affliction grandit. Il redouble d'instance et demande lumière et force au Consolateur suprême. Alors avec un cœur prêt à tout les sacrifices, dans l'épanchement d'une communication toute intime, il s'écrie : « Seigneur, que voulez-vous que je fasse(1)? — Parlez, Seigneur, car votre serviteur écoute. (2) »

C'était l'instant que Dieu attendait pour faire connaître sa volonté : aussi la réponse ne se fit-elle pas attendre. Si la catholique Espagne interdit la vie claustrale et ferme les couvents, les pays musulmans acceptent les Religieux et leur

(1) Act. IX, 6.
(2) Reg. III, 10.

permettent l'exercice de leur règle. C'est là qu'il doit porter ses pas : c'est dans ces contrées qu'il lui faut désormais déployer son zèle. Il demande donc à ses Supérieurs la permission de partir pour la Terre-Sainte et s'embarque en 1852.

En 1860, il avait terminé son cours d'arabe et se trouvait en état de commencer sa carrière apostolique. Il allait partir pour Jérusalem où l'appelait la volonté de ses Supérieurs. Mais déjà les routes ne sont plus sûres : les Druses et les Bédouins infectent les campagnes : dans certaines localités même les massacres ont commencé. Dans ces conditions, est-il sage qu'il se mette en chemin ? En le lui permettant, les Supérieurs locaux n'assumeraient-ils pas une grande responsabilité ? Il est bien certain que si le Rme P. Custode eût connu tous ces détails, il ne l'eût pas appelé : il peut donc, sans crainte de manquer à l'obéissance religieuse, demeurer et attendre des temps meilleurs, sauf à en référer aux Supérieurs majeurs et à prendre leurs ordres. Telles étaient les pressantes sollicitations que lui adressaient ses Frères et le

P. Emmanuel lui-même. Il en comprend toute la gravité, et s'y rend. Dans la dernière lettre sortie de sa plume, il expose son doute au Supérieur de la Mission et, enfant d'obéissance, ajoute que si, malgré tout, on lui dit de partir, il partira sans retard, dût-il courir au-devant d'une mort certaine. La réponse vint bientôt : il lui est dit de ne pas s'exposer.

Il reste donc. Mais la couronne qui lui échappe sur les chemins, ne la trouvera-t-il pas en ville ? Sa déférence aux conseils de ses Supérieurs le privera-t-elle de l'auréole qui va ceindre le front de ses Frères ? Non. Dieu l'a prédestiné à la gloire du martyre : il ne permettra pas que sa soumission y soit un obstacle.

Quand le couvent est envahi, il se retire dans la maison Dubané, en même temps que le P. Engelbert cherche un asile dans la maison Kahala, située en face. Que se passa-t-il alors ? C'est le secret de Dieu. L'Ange Gardien du Père et les Saints du paradis venus pour l'assister dans ses assauts, fortifier son âme et l'introduire dans le céleste séjour, connaissent seuls les détails de cette lutte glorieuse : mais, par une disposition particulière de la divine Providence, pas un témoin oculaire ne fut présent pour en recueillir les circonstances et les proposer à notre édification.

Lorsqu'il fut martyrisé, le P. Mianio avait 46 ans d'âge, 30 ans de vie religieuse, dont 8 dans la mission de Terre-Sainte d'après le décret d'Introduction de la Cause de Béatification.

Si Dieu ne permit pas que nous pussions suivre les phases de ce combat, il ne voulut pas du moins que le triomphe de son serviteur fût caché au monde, et ce furent ses propres bourreaux qu'il chargea de le publier. La cloche parla de nouveau : « Quatrième messe pour les chiens qui fréquentent ce lieu maudit ! » hurlèrent les assassins. — Quatrième entrée triomphante dans le paradis, durent reprendre les esprits célestes.

CHAPITRE VII

Le V. Nicolas Alberca.

Quand l'ennemi, faisant irruption dans la vigne du père de famille, en arrache les plants et en tue les ouvriers qui ont déjà supporté le poids du jour et de la chaleur, cette immolation de ces vétérans du ministère, déjà parvenus au soir de la vie, ceint d'une auréole de vénération, le front de ces victimes de la charité : mais que la fureur des impies s'abatte sur une jeune recrue nouvellement enrôlée dans la milice du Seigneur et, qui n'ayant pas encore combattu, se préparait dans le silence de la retraite et de la prière, à porter pour la gloire du divin Maître le glaive de la parole, alors au premier sentiment d'admiration respectueuse, se joint celui d'une sympathie instinctive et d'une compassion particulière. L'ennemi ravage la vigne : il en a déjà mis à mort les ouvriers les plus expérimentés : assistons maintenant au sacrifice des plus jeunes.

Le Père Nicolas Alberca était né en 1830 à Cordoue dans la province d'Andalousie. De bonne heure le Seigneur fit entendre à son âme candide ces paroles inspirées : « Ecoute, ma fille, et prête à ma voix l'oreille de ton cœur : oublie ton peuple et la maison de ton père et le roi sera épris de ta beauté, parce qu'il est le Seigneur ton Dieu (1). » Un double renoncement lui est ici demandé : sortie de la maison paternelle et abandon de la patrie. Heureux qui entend cette voix : mais plus heureux mille fois qui en suit les inspirations! La nature peut avoir d'abord à souffrir : mais le Seigneur épris de la beauté de cette âme généreuse, panse et ferme la plaie de ce cœur par l'effusion de sa grâce, et récompense au centuple la spontanéité et l'élan du sacrifice.

La voix de Dieu est une semence qui, tombant sur une terre bien préparée, y lève, y grandit et au temps de la moisson,

(1) Ps. XLIV, 11

donne du grain en abondance. Le cœur du jeune Nicolas droit et dont aucune souillure ne ternit l'éclat est une terre des mieux disposées : aussi quels fruits précieux y va produire la divine parole. L'ordre est donné, il lui faut quitter le foyer de la famille et s'éloigner de la terre natale : l'héroïque jeune homme n'hésite pas. Mais au sortir du toit qui l'a vu naitre de quel côté doit-il porter ses pas ? Quelle terre inculte est-il destiné à défricher ? Quelle forme de vie est-il appelé à embrasser ? Dieu parle de nouveau à son cœur : « Si vous voulez être parfait, lui dit une voix intérieure, vendez ce que vous avez et le donnez aux pauvres et vous aurez un trésor dans le ciel : puis venez et suivez-moi (2). »

Le doute est résolu : ce n'est pas dans la voie battue d'une vie commune qu'il est appelé à marcher : ce sont les sentiers étroits de la perfection qu'il doit parcourir : c'est la vie religieuse, c'est la pauvreté absolue qui doit être son partage et cette pauvreté, ce complet détachement de

(2) Matth. xix, 15.

toute chose, où le trouverait-il plus absolue que dans la famille de François d'Assise ?

Un appel identique à ce dépouillement complet avait autrefois été adressé par le divin Maître à un jeune homme comme lui qui, comme lui, paraissait désireux de suivre un chemin plus étroit que celui de la vie ordinaire. Mais l'appel de Dieu ne suffit pas : il faut encore de la part de celui qui l'a reçu la coopération à l'opération divine. Or cette coopération, le jeune homme de l'Evangile ne l'apporta pas : il se retira triste, dit le narrateur sacré, parceque son cœur était attaché à ses biens. Mieux inspiré, le jeune Alberca n'oppose aucune résistance à la grâce, et, s'il est triste, ce n'est pas dans la perspective de tout quitter, c'est dans la crainte de ne pas pouvoir obéir à la voix du ciel. L'Espagne, sa patrie, ne comprend plus l'héroïsme du dévouement religieux. Livrée aux inspirations impies d'un gouvernement haineux, elle a proscrit tous les foyers de perfection chrétienne, a fermé tous les cloitres et interdit toute vocation à ces saints asiles !

Mais si l'intérêt des âmes ne l'impressionne plus, le souci de son prestige national la préoccupe encore. Elle sait qu'au loin l'habit religieux relève son influence et pour ne pas perdre le lambeau qui lui reste de son ancienne grandeur, elle tolère sur son sol un réduit où chaque famille monastique pourra former des missionnaires pour les pays étrangers. Heureuse inconséquence! Il sera du moins permis par là de conserver encore une étincelle de cet immense foyer qui autrefois éclairait la péninsule Hispanique d'une si vive lumière. Les enfants de St-François ont vu comme les autres disparaitre les monastères d'où étaient sortis les Ximénès et les Pérez, mais en vertu de cette disposition toute politique, ils garderont leur couvent de Priégo, dans la Nouvelle-Castille, petite épave échappée au naufrage en faveur des Missions de Terre-Sainte et du Maroc.

Alberca pourra donc aller encore frapper à cette porte. Les dispositions qu'il y apporte présentent tous les caractères d'une vocation vraiment divine : aussi son admission ne souffre-t-elle aucune difficulté et il subit sans aucun ralentissement dans sa ferveur toutes les épreuves du Noviciat. A peine promu au sacerdoce, il part pour la Terre-Sainte où il est dirigé sur Damas. Il possède déjà les connaissances théologiques nécessaires au missionnaire : mais pour rendre son ministère fructueux, un point lui manque encore : la pratique de la langue arabe. Aussi quelle ardeur apporte-t-il à l'acquisition de cette langue ! Il brûle du désir d'assister les Catholiques, ses frères en J.-C, il rêve même de convertir les Infidèles et de travailler à la réunion du troupeau sous un même pasteur. Généreuses aspirations qui ne doivent pas se réaliser ! Dieu s'est contenté du bon vouloir de son serviteur, il l'appelle à la récompense avant même le travail.

Le combat du P. Nicolas eut pour témoin oculaire Naaman Mosabki, chrétien de mœurs irréprochables, connu de beaucoup de Religieux comme méritant toute confiance. Il se trouvait au couvent au moment même du carnage, ainsi que son jeune frère que nous allons revoir bientôt, et son père, maître d'école de la paroisse. Il assista à toutes les horreurs du massacre auquel il n'échappa que comme par miracle, mais il eut la douleur de voir tomber son propre père aux côtés du P. Carmel.

D'après son récit, le P. Alberca fut d'abord invité à renier la foi de J.-C. pour embrasser celle de Mahomet. A cette proposition impie, son cœur se révolte. Toute sa vie il s'est tenu uni au divin Maître par les liens de l'amour le plus étroit. Pourrait-il bien s'en séparer au moment de lui rendre un témoignage public et authentique ? Non, sa réponse ne saurait être douteuse : elle est inspirée par son ardente charité. « Plutôt mille morts dans tous les tourments ! « s'écrie-t il, et pour ne laisser aucun doute sur la fermeté de sa résolution, il accompagne ses paroles du signe de la croix. A ce signe exécré, les assassins entrent en fureur et, comprenant que toute insistance serait vaine, ils tirent sur lui un coup de fusil qui l'étend mort à terre.

Il n'avait que trente ans et était le plus

jeune de cette petite famille séraphique.

Et la cloche annonce encore ce que les bandits appellent la cinquième messe.

CHAPITRE VIII

Le V. Pierre Soler.

D'après une tradition généralement admise, c'est à l'âge de 33 ans que le divin Sauveur, expirant sur la croix. opéra l'œuvre de hotre rédemption : c'est aussi à l'âge de 33 ans que le Religieux dont nous allons maintenant nous occuper, répandant à son tour son sang pour son Dieu, consomma son sacrifice.

Pierre Soler vint au monde à Orca dans la province de Murcie en 1827. Il offre avec le Père Nicolas Alberca plus d'un point de ressemblance. Comme lui et en même temps que lui, il entendit cet appel divin qui jeta les Bérard et ses compagnons sur les plages du Maroc, les Pierre-Baptiste et ses frères sur les rives du Japon, les

Odoric et tant de Religieux à sa suite sur les côtes de l'Asie-Mineure, en Arménie, en Perse et jusque dans les Indes et la Chine. Honneur à ces hommes généreux qui, préoccupés uniquement du salut de leurs frères, courent à travers tous les périls jusqu'aux extrémités du monde pour les soustraire au honteux esclavage du démon et les appeler à la douce liberté des enfants de Dieu ! à leur voix, les mœurs se polissent, les natures les plus sauvages s'adoucissent et les hommes dont toute l'occupation consistait à se surprendre pour se nuire et s'immoler, s'aiment, s'entr'aident et s'estimant tous enfants de Dieu, se traitent comme appartenant à une même famille. Nous-mêmes si nous ne gémissons plus comme nos pères sous les horreurs de la barbarie, si nous n'allons plus dans les bois couper avec une serpe d'or le gui des chênes ou dans le mystère des forêts offrir au cruel Teutatès des sacrifices humains, n'est-ce pas aux Denys, aux Lazare, aux Nicaise, n'est-ce pas aux missionnaires de nos Gaules que nous sommes redevables de cette heureuse transformation? Dans l'accent de notre gratitude, écrions-nous donc avec le Prophète : « Qu'ils sont beaux les pieds de ceux qui annoncent la paix, de ceux qui prêchent les vrais biens! (1) »

Le jeune Pierre a donc entendu aussi cette voix par laquelle le divin Maître « prescrit à ses envoyés de ne rien porter en chemin qu'un bâton seulement, pas de sac, ni d'argent dans leur bourse, d'avoir des sandales aux pieds et de ne point se pourvoir de deux habits... (2) Il brûle du désir d'exécuter l'ordre divin : mais devant lui se dresse une difficulté qui semble presque insurmontable. Ainsi que nous l'avons dit, il n'est plus permis de suivre en Espagne les voies des conseils évangéliques. Une pénible pensée s'impose ici à notre esprit. Sans doute les Musulmans depuis six siècles que nous vivons au milieu d'eux, nous ont souvent fait payer le tribut du sang : mais au moins ont-ils généralement respecté nos droits. Les Re-

(1) Is. II, 7.
(2) Marc. VI, 8.

ligieux étaient massacrés : mais une nouvelle colonie remplaçait la première et la tradition n'était pas interrompue. Trois sanctuaires seulement, celui de Saint-Jérémie dans les montagnes de la Judée, celui du Mont Sion où l'on vénérait le Saint-Cénacle et celui de la T. Ste Vierge dans la vallée de Josaphat, nous ont été enlevés. A la vue du vandalisme dont se rend coupable de nos jours une nation éminemment catholique, ne serait-on pas tenté d'établir une comparaison dont l'avantage serait pour le fanatisme musulman ?

Mais enfin il reste encore le petit asile de Priégo. C'est là que l'Espagne tolère encore ceux de ses enfants qui sous la bure franciscaine aspirent à l'honneur de porter aux peuples infidèles le flambeau de la foi. Pierre Soler s'y présentera donc en même temps que Nicolas Alberca. Ensemble ils s'y exerceront à la pratique des vertus séraphiques ; ensemble ils s'y formeront à la science du missionnaire ; ensemble ils en partiront pour la terre lointaine qui leur est échue en partage : ils y débarqueront simultanément et se rendront de compagnie au couvent de Damas où doit s'achever leur éducation apostolique. Nous avons vu comment cette éducation fut brusquement interrompue pour le premier : voyons maintenant comment elle le fut pour le second.

Au moment où les Turcs envahirent la maison de tous les côtés à la fois, le Père Pierre prit avec lui par la main le frère de Naaman Mosabki, jeune garçon de douze ans. Ne possédant encore que très imparfaitement l'intelligence de la angue arabe, il pensait que cet enfant pourrait lui être d'un secours précieux comme interprète. Mais le premier moment de saisissement passé, il comprit à quel danger sérieux il exposerait ainsi son compagnon et courut le cacher dans un réduit obscur sous un escalier, tandis que lui-même se retirait dans l'école. Cet acte d'abnégation sauva l'adolescent.

Là s'étaient déjà blottis un jeune chrétien nommé Antoum Taclagi que nous retrouverons bientôt et Joseph Mosabki, Maronite de Damas âgé de 25 ans. Ils s'y tinrent cinq heures tous les trois sans qu'aucun incident ne se produisit. Heures d'angoisses mortelles! heures d'incertitudes plus poignantes peut-être que la connaissance certaine d'une fin tragique! heures pendant lesquelles l'âme fait généreusement son sacrifice et se sent heureuse de donner sa vie pour son Dieu, puis où la nature repousse la mort avec horreur et se reprend à espérer! Tantôt il se rappelle les élans enflammés de saint François pour le martyre et l'exclamation de bonheur qui échappa à son séraphique Père en apprenant la fin glorieuse de ses enfants au Maroc: ce souvenir fortifie son courage et lui fait désirer la mort; mais il entend aussitôt le bruit de la soldatesque, le crépitement des incendies, les cris des mourants et son âme tressaille et s'effraie. Il reporte alors sa vue sur les trois mille Religieux, ses frères, qui ont cueilli pour la cause des Lieux-Saints, qu'il défend lui-même, cette palme qui lui est offerte et ce spectacle ranime son énergie et affermit ses irrésolutions : mais cette palme, n'est-ce pas dans des supplices bien cruels, dans des tourments parfois bien durs et bien longs qu'elle s'acquiert et qui peut se flatter, sans un secours particulier, sans une grâce de choix, d'être fidèle jusqu'au dernier moment!

Tandis que ces pensées agitaient tour-à-tour son esprit, un Turc l'aperçoit d'une terrasse voisine et appelle d'autres Turcs qui pillaient l'église et le couvent. Ils interrompent alors leur triste besogne et courent sur lui. Leur première pensée est de lui demander de l'argent. De l'argent, malheureux! un enfant de Saint-François n'a, comme le prince des Apôtres, ni or ni argent : mais il possède un trésor bien autrement précieux que tous les métaux de la terre. Il a le don de la foi, il a les paroles de vie : écoutez-le et vos yeux s'ouvriront et vous aurez trouvé la véritable richesse que « ni la rouille ni les vers ne consument et que les voleurs ne déterrent ni ne dérobent (1). « Mais leur aveuglement est incurable : « Fais-toi musulman ! » s'écrient-ils avec fureur. Le Père se souvient alors de ces paroles: « Quiconque me confes-

(1) Matth. vi, 20.

sera devant les hommes, je le confesserai aussi devant mon Père qui est dans les cieux, et quiconque me renoncera devant les les hommes je le renoncerai aussi devant mon Père qui est dans les cieux! (1) » — Je suis Chrétien! répond-il alors avec fermeté : plutôt mourir que de renoncer à ma foi! » et il fait résolument le signe de la croix. C'en est trop : un Turc exaspéré lui porte un coup de cimeterre et, les autres, s'acharnant sur cette noble victime, lui assènent d'autres coups qui l'achèvent.

Une nouvelle sonnerie proclame ce sixième expioit.

CHAPITRE IX.

LE V. FRANÇOIS PINAZZO.

Nous avons épuisé la liste des Religieux honorés du sacerdoce. Mais outre les

(1) Matth, x. 32.

Pères, le couvent de Damas possédait encore deux Frères Convers : eux aussi cueilleront glorieusement la palme du martyre.

Nommons d'abord le Frère François Pinazzo.

L'Esprit-Saint a dit : « Le jeune homme suivra sa voie, jusque dans sa vieillesse, il ne s'en écartera pas ! (1) » Dans ces temps où une horrible conjuration semble être ourdie contre le jeune âge, de quelle importance n'est-il pas de se bien pénétrer de cette vérité. Sous le fallacieux prétexte de ne point violenter les consciences, on éloigne du jeune homme les salutaires enseignements de la foi, on étouffe dans son cœur la crainte et l'amour de Dieu et on le livre sans défense aux séductions du monde et à tout l'entraînement des passions.

Le jeune Pinazzo n'a garde de donner dans une si déplorable erreur. Né à Alpuente dans la province de Valence en 1812 de parents dont la foi se transmet de générations en générations, il suce avec

(1) Prov. XXII, 6.

le lait maternel les principes qui seront le guide de toute sa vie. Les premières années de son existence se passent dans l'exercice des vertus chrétiennes et l'accomplissement des devoirs de la piété filiale, puis avec l'âge de 19 ans, arrive le moment de choisir un état de vie. Mais son cœur qui a toujours appartenu à Dieu, n'hésite pas longtemps et il va frapper à la porte des Franciscains sollicitant l'habit de l'Ordre dans l'humble condition de Frère Convers.

Plus modeste, mais non moins méritoire, est la condition de ces Religieux. Ils ne paraissent pas dans les chaires, ils ne se trouvent pas en relation avec le monde, ils ne sont pas mêlés au maniement des affaires, ils n'exercent pas un ministère brillant : rien ne les signale à l'attention du public. Employés aux travaux matériels de la maison, leur rôle est effacé et leurs bonnes actions ne sont connues que de Dieu seul. Mais au service du Seigneur aucun service n'est petit, ni méprisable. Méconnu des hommes, leur travail est apprécié de Celui qui est venu « non pour être servi, mais pour servir (1). » Aussi le divin Maître qui aime à orner de dons particuliers les cœurs humbles et à exalter ceux qui par amour pour lui s'abaissent et se confondent, a pour agréables ces fonctions que le monde n'estime pas toujours à sa juste valeur et pour confondre les jugements humains se plait même parfois à élever aux honneurs des autels ceux dont la vie s'est écoulée ignorée de tous dans ces emplois que l'orgueil mondain dédaigne.

Le Frère François passa douze ans dans l'exercice de ces modestes occupations, travaillant sous l'œil de Dieu, ennoblissant son emploi par la pureté de ses intentions et amassant ainsi un trésor de mérites pour l'autre vie. Tout en vaquant aux soins de sa charge, il aimait à méditer les souffrances de N-S. et son âme trouvait dans cette contemplation un aiguillon qui soutenait et stimulait son courage. Mais comme il aurait aimé à vénérer les lieux où s'étaient accomplies les scènes déchirantes dont le souvenir touchait si fortement son cœur et

(1) Matth. xx, 28.

arrachait si souvent des larmes à ses yeux! comme son âme eut été attendrie si ses lèvres avaient pu baiser les endroits où s'étaient successivement déroulés les actes du drame divin de notre Rédemption ? Cette consolation devait lui être accordée. Il partit pour la Terre-Sainte en 1843 et demeura plusieurs années à Jérusalem. Au comble de ses vœux, il remplit avec une scrupuleuse exactitude les moindres détails des emplois qui lui sont confiés et ses moments libres, il les passe dans la visite des sanctuaires. Alors son âme se dilate, la componction la plus vive touche son cœur et l'attendrissement gagne ses sens. Le temps que la divine Providence lui permit de passer dans la ville sainte fut le plus heureux de sa vie et l'on y conserve encore le souvenir des vertus qu'il y a pratiquées au point que sa mémoire y est toujours demeurée en vénération.

Mais Dieu l'appelait à d'autres destinées. Peut-être à ce Calvaire où il aimait à adorer le Sauveur mourant sur la croix pour l'amour de nous, avait-il souvent demandé avec larmes de répandre lui aussi son sang pour Celui qui en avait versé jusqu'à la dernière goutte en expiation de nos péchés. Quoiqu'il en soit, ce vœu tout présumable devait être exaucé, non pas en Judée, mais en Syrie.

En vertu de ce décret divin, inconnu des hommes, ses Supérieurs l'envoient au couvent de Damas. Etre éloigné des sanctuaires si chers à sa dévotion, fut un sacrifice pour son cœur, mais le Religieux sait s'imposer la privation des jouissances les plus légitimes. Il part donc sans hésiter pour la destination où Dieu l'appelle par la voix de son Supérieur. Puis, ces sanctuaires, ne les a-t-il pas maintenant gravés dans son cœur ? La pensée ne connait pas de distance ; de sa nouvelle résidence, il pourra donc renouveler aussi souvent qu'il le voudra ses visites aux Lieux-Saints : il n'eut garde d'y manquer. Cette sainte industrie entretint dans son cœur une ferveur toujours croissante, de sorte qu'à Damas comme à Jérusalem, le parfum de sa vertu se répandit et embauma tous ceux qui l'approchèrent.

Mais voici l'heure du sacrifice. En Orient les maisons n'ont pas comme en Occident une toiture en pente plus ou moins aiguë: d'ordinaire elles se terminent par une terrasse. Ce fut là, sur le faîte du couvent, qu'à l'arrivée des bandes sanguinaires se réfugia le Frère François. Mais les sicaires connaissent cette disposition des habitations et dans leur perquisition homicide, ils n'ont garde de négliger ce lieu. Le Frère y est donc vite découvert et alors s'établit un dialogue entre lui et ses bourreaux. Quelles paroles furent échangées ? Il est facile de le deviner aux sentiments qui animaient les interlocuteurs: colère, haine, blasphèmes du côté des disciples de Mahomet: douceur, charité, énergique profession de foi de la part du Religieux. Toutefois la distance ne permit pas aux témoins de cette scène de percevoir les sons de la voix. On le vit seulement élever les mains au Ciel et prier, tandis que les barbares le frappaient et lui assénaient sur les reins un si violent coup de maillet que la colonne dorsale en fut brisée. Le vaillant soldat du Christ respirant encore, on le précipite d'en haut sur le sol et il meurt dans sa chute. Son corps tombe dans la cour devant la porte de l'église, tandisque son âme monte au ciel recevoir la couronne des martyrs.

Ce bon Frère était dans sa quarante neuvième année ; il comptait vingt-huit ansde religion et dix-sept de séjour en Terre-Sainte.

La cloche annonce encore cette mort et ce triomphe.

CHAPITRE X

LE V. JEAN-JACQUES FERNANDEZ.

Voici le dernier joyau de cette sainte couronne dont l'Espagne a le droit de revendiquer avec un noble orgueil sept fleurons.

Jean-Jacques Fernandez naquit en 1808, de parents chrétiens qui, dès le bas-âge, lui inculquèrent la crainte et l'amour de Dieu. Le jeune homme grandit dans ces pieux sentiments et, la voix de l'Esprit-Saint parlant à son cœur, à l'âge de 23 ans, il se présentait au couvent des Franciscains, sollicitant son admission dans la famille séraphique au rang des Frères Convers.

Dès le début de sa carrière religieuse, il sentit un vif attrait pour les Lieux-Saints. Depuis l'an 1219, où saint François conduisit lui-même ses Frères en Orient, son Ordre est en possession de garder ces augustes sanctuaires. Le récit des vexations, des mauvais traitements, des peines de tous genres qu'ont eu à endurer ces intrépides Religieux pour acquérir d'abord, pour conserver ensuite au monde chrétien ces Lieux vénérables entre tous formerait une page non moins intéressante que glorieuse. L'histoire de la Custodie Franciscaine de Terre-Sainte n'est, pour ainsi dire, qu'un long martyrologe. Citons quelques faits pris aux premiers siècles de cette garde héroïque :

En 1244, les Karismiens massacrent tous les Religieux qui se trouvaient au Saint-Sépulcre ;

En 1266, Jérémie, de Lecce, et Jacques, du Puy, sont écorchés vifs, flagellés et décapités à Safed, dans la Haute-Galilée ;

En 1288, François, de Spolète, est mis en pièces à Damiette, et Philippe, du Puy, est tué à coups de sabre à Asdoud, au pays des Philistins ;

En 1328, François, de la Marche d'Ancône, meurt en prison à Damiette par suite des mauvais traitements qu'on lui a fait subir.

En 1345, le Fr. Liévin, Français, et le Frère Jean Martinez, de Montepulciano, sont décapités au Caire ;

En 1358, Nicolas, de Monte-Corvino, François, de Naples, et Pierre, de Rome, sont aussi décapités au Caire pour la foi ;

En 1364. Guillaume, de Castellamare, est scié en deux et ensuite brûlé à Gaza ;

En 1369. le sultan Boharita fait emprisonner tous les Franciscains qu'il peut trouver dans l'empire ; parmi eux, douze Religieux du couvent du Mont-Sion, à Jérusalem, sont cruellement mis à mort et seize autres sont jetés dans les prisons de Damas et décapités ;

En 1370, le diacre Jean, de Naples, est écartelé par ordre du gouverneur de Gaza, et Barthélemy, de Montepulciano, est coupé en deux au Vieux-Caire ;

En 1373, le castillan, Jean Etéo, est d'abord cruellement flagellé : ses plaies sont arrosées avec un mélange de sel et de vinaigre, puis il est crucifié au moyen de six clous, deux aux mains, deux aux coudes et deux aux pieds ;

En 1391, Nicolas, de Sebenic, Donatien, de Roussillon, Pierre, de Narbonne, et Etienne, de Turelo en Corse, sont coupés en morceaux à coups de sabre à Jérusalem.

Nous pourrions multiplier ces citations à travers les siècles, chacun d'eux nous offrirait des victimes ; mais ces faits suffisent pour prouver que cette garde des Lieux-Saints n'est pas seulement honorifique et que le récent massacre de Damas n'est qu'un épisode d'une persécution continue qui dure depuis bientôt sept siècles.

Cette perspective si peu attrayante pour la nature, loin d'arrêter notre jeune Religieux, ne fait qu'enflammer son ardeur.

Mais Dieu, pour éprouver notre confiance, pour augmenter nos désirs, pour nous faire mieux apprécier la faveur de la grâce que nous requérons, se plaît parfois à prolonger notre attente. « Dieu, dit un Saint, veut être prié, Dieu veut être forcé, Dieu veut être vaincu par une sorte d'importunité. » Ames, qui depuis de longues années, sollicitez en vain quelque faveur, ne vous découragez pas, frappez toujours à la porte du cœur de Dieu, et, au moment prévu par la divine Providence, il vous sera ouvert.

Il y avait 28 ans que le Frère Jean-Jacques Fernandez, renouvelait en vain ses instances, quand en 1859 ses vœux sont enfin comblés. Il part pour la Terre-Sainte que ses ardents soupirs demandent depuis si longtemps et se rend droit à Jérusalem. Il n'y fait que passer, mais ce passage est de ceux qui laissent des traces ineffaçables. Sa piété tendre et profonde dans la visite des sanctuaires de notre Rédemption, son humilité, sa complaisance envers tous lui gagnent de suite toutes les sympathies et font que son souvenir se grave dans les cœurs. De là, il est envoyé à Damas, où il arrive quelques mois seulement avant la catastrophe.

Au moment de l'invasion du Couvent, le Frère Fernandez s'était réfugié avec le Frère Pinazzo sur la terrasse du clocher. Tous les deux furent découverts en même temps et traités de la même manière. Pas plus que pour son compagnon, il ne fut possible de distinguer les paroles échangées entre les bourreaux et la victime. Mais on le vit frappé de coups de bâtons et de crosses de fusils, puis, grièvement blessé précipité sur le sol. Il tomba derrière le mur de la sacristie, mais ne succomba pas dans sa chute. Combien dut lui paraître longue cette douloureuse agonie et que de sentiments devaient agiter son cœur. Souffrant cruellement, et couché sans pouvoir se remuer sur la terre nue, il unissait ses douleurs à celles du divin Crucifié, il le priait d'agréer son sacrifice et demandait que son sang fût le dernier répandu. Il suppliait le Seigneur de donner aux Chrétiens la force de confesser généreusement leur foi: il le conjurait de pardonner à ses bourreaux et de leur ouvrir les yeux afin qu'un jour eux aussi, abjurant leurs erreurs et embrassant la vérité, eussent part aux récompenses des élus. Le lendemain matin, pendant qu'il s'entretenait de ces pieuses pensées, un Turc lui porta un coup de couteau qui acheva de rompre ses liens terrestres. Il avait 58 ans, et en avait passé 29 en religion.

Pour la dernière fois la cloche fit entendre sa voix.

CHAPITRE XI

SÉPULTURE DES VÉNÉRABLES SERVITEURS DE DIEU.

Les fidèles, ne doutant nullement que ces huit généreuses victimes ne fussent des martyrs, se mirent aussitôt à les honorer comme tels et les prirent comme intercesseurs auprès de Dieu. De son côté, le Seigneur se plut à révéler la gloire de ces héroïques champions en opérant des prodiges au lieu où reposaient leurs restes précieux. Ecoutons la déposition du jeune Taélagi, âgé de vingt-deux ans, Grec-Catholique de Damas, que nous avous déjà rencontré avec le V. Pierre Soler :

« Vers le milieu de la nuit, dit ce témoin, il m'arriva une fois de voir la cave du couvent, où reposaient les corps des Pères tués par les Turcs, toute illuminée ; j'appelai alors Georges Cassar et son fils, de Damas comme moi et Chrétiens eux aussi, ainsi qu'un Turc nommé Hassan Dobbagh, qui dormait encore au couvent et je leur demandai qui était à la cave et pourquoi cette lumière : il me répondirent qu'il n'y avait personne. Je pris alors la clef et nous descendîmes tous les quatre A peine eûmes-nous ouvert la porte, que nous vîmes une colonne de fumée et que nous sentîmes une forte odeur d'encens. »

Ecoutons maintenant Joseph Track, Arménien catholique de Damas, âgé de cinquante-cinq ans : « Je souffrais, dit-il, d'une forte migraine : je priai dans la cave où étaient déposés les ossements des Pères, et prenant un de ces os, je me l'appliquai sur la tête, et je fus guéri. »

Ces restes vénérables demeurèrent dans ce lieu tant que dura l'épouvante. Mais le calme étant rétabli, on songea à leur donner une sépulture moins indigne de leur vertu. Laissons de nouveau la parole au T. R. P. Fulgence Rignon, que nous avons déjà vu au début de cette notice.

Après avoir rapporté les négociations entamées au sujet de l'indemnité à toucher pour la reconstruction de l'église et du couvent, il poursuit en ces termes : « Il s'agissait encore de procéder à l'ensevelissement de nos Pères égorgés : sur ce point le gouverneur civil, Emin-Pacha, hésitait à nous accorder les autorisations nécessaires, ainsi que nous l'a confié le Consul, craignant que nous ne fissions à cette occasion quelque cérémonie éclatante ; mais la lettre de Fuad-Pacha et les renseignements que nous lui donnâmes à lui-même dissipèrent ses appréhensions ; il accorda les autorisations demandées, tout en nous envoyant des ouvriers et des soldats musulmans pour procéder à cette opération.

« Ce fut le vendredi 22 novembre dernier (1) que j'assistai à l'extraction des restes contenus dans la citerne. Il fallait descendre au fond pour les recueillir et les placer dans un panier que nous remontions au dehors et celui qui fut d'abord désigné par les soldats pour ce travail, refusa formellement d'obéir ; on fut obligé de l'y contraindre et de le forcer à descendre dans cette citerne.

« Le premier objet que nous ramenâmes à nous fut un bras de crucifix de quinze centimètres de longueur avec quelques morceaux de bois carbonisé, puis nous remontâmes quelques débris de vêtements tant religieux que séculiers et enfin les restes et les ossements de nos Pères. Toutefois le nombre des crânes ne se rapportant pas à celui de nos Religieux, nous avons dû diriger nos recherches vers la petite citerne qui était placée dans notre église même, près du maître-autel et joi-

(1) En 1861 seize mois et demi après le désastre.

gnant les fonts baptismaux. C'est là, au fond de cette citerne, que nous avons retrouvé deux crânes avec les ossements correspondants et un morceau de capuchon : l'un d'eux fut positivement reconnu par le docteur Biagini comme étant celui du Père Carmel, l'autre était peut-être celui du Père Supérieur, massacré sur l'autel.

« On a ensuite recherché dans une maison voisine le corps du P. Engelbert, qui y avait été enseveli, ainsi qu'un morceau de son capuchon : on a placé dans une caisse séparée les précieux restes des deux victimes que l'on avait reconnues et dans une autre caisse ceux de nos Pères confondus ensemble, puis, ayant scellé ces deux caisses, on a inhumé honorablement dans les ruines même de notre église toute notre malheureuse mission.

« Je n'ajouterai rien à ce récit : chacun comprendra les sentiments que j'éprouvais alors. Le spectacle était affreux, l'opération horrible ; je pleurais la perte cruelle de mes Frères et cependant j'enviais leur sort : ils étaient morts en confessant la foi, ils étaient morts en martyrs. »

Ce pieux devoir terminé, on recouvrit l'endroit d'une plaque de marbre sur laquelle on grava l'inscription suivante:

Heic quiescunt corpora
P. Emmanuelis RUIZ,
P. Carmeli BOTTA,
P. Angeli KOLLAND (1),
P. Nicolai ALBERCA,
P. Petri SOLER,
P. Nicanoris ASCANIO,
F. Francisci PINAZZO,
F. Joannis-Jacobi FERNANDEZ,
FRANCISCALIUM
VII. id. Julii MDCCCLX
pro CHRISTO
Damasci multiformiter interfectorum (2).

1 Les Arabes ne pouvant saisir le son *Engelberto* en ont fait *Angelo.*

2 Ici reposent les corps du Père Emmanuel Ruiz, du P. Carmel Botta du P. Ange (Engelbert) Kolland, du P. Nicolas Alberca, du P. Pierre Soler, du P. Nicanor Ascagne, du Fr. François Pinazzo, du Fr. Jean-Jacques Fernandez, Franciscains, tués de diverses manières pour le Christ à Damas le 7 des Ides de Juillet (9 Juillet) 1860.

DECRETUM

DAMASCENA

Beatificationis seu declarationis Martyrii
Venerabilium Servorum Dei

FR. EMMANUELIS RUIZ

Ordinis Minorum Observantium

ET SEPTEM SOCIORUM

Dominicæ Passionis jugiter in Ecclesia renovata memoria semen quam fœcundum martyrum semper extitit. Deesse ideo inter fideles non possunt, qui Sancti Spiritûs oraculum suum omnino non faciant, Christo Crucifixo verbis et re ipsa profidentes : « *Propter te mortificamur tota die, æstimati sumus sicut oves occisionis* » (Ps. 43, 22). Inter quos, et ultimis quidem temporibus nonnulli Sancti Francisci Regul Alumni, Emmanuel scilicet Ruiz, Carmelus Botta, Angelbertus Holland (1), Nicanor Mia

(1) C'est par erreur que dans le décret on écrit Holland pour Kolland.

nio, Nicolaus Alberca, Petrus Soler, omnes sacerdotes, et duo fratres laïci, Franciscus Pinazo et Jacobus Fernandez, spiritale Christi certamen fortiter pugnantes, corporum suorum rationabilia holocausta pro fidei veritate Deo offerentes summam rem, inæstimabilem videlicet martyrii gloriam admirabili victoria adepti sunt. Hi enim quum Damasci Cœnobium inhabitarent, die 7 Julii MDCCCLX, (1) Mahumetani veteri in Christum Deum æstuantes furore, perorridam fidelium machinantur cladem, Crucis saluti feræ vexillo barbari ludibrio exposito, incendiis, vastitate, cædo Christianos uam plurimos iniquissime plectunt. In ranciscalium autem Cœnobium nocturno tempore impetu facto, primum diris eos contumeliis afficiunt, horrendas in Catholicam eligionem ejusque sacrosancta mysteria mentes blasphemias; mox ad blanditias ressi, quum nihil proficerent, terrores nasque repetunt. At heroïcam Franci-

(1) Voir note 2, pag. 15.

scalium constantiam nullatenus dimoverunt, quare sævis tormentis cunctos ad obitum usque excruciant. Octo immolatæ sunt Christo victimæ, quæ proprio perfusæ cruore gloriosam martyrii palmam accipere meruerunt.

Christifideles tantam animi fortitudinem admirati, illico post mortem uti Martyres eos habuerunt, eorumque patrocinio deinceps implorato, gratias ac beneficia plurima a Deo se obtinuisse testati sunt. Neque horum fama constitit intra Damasci fines sed adeo longe lateque percrebuit, ut in Curia Ecclesistica Aleppensi Ordinaria Auctoritate tabulæ processuales super Martyrio constructæ fuerint.

Hinc quum superiori anno a Sanctissimo Domino Nostro Leone Papa XIII benigne concessum sit, ut de Dubio signatu Commissionis Introductionis Causæ præfatorum Servorum Dei ageretur in Congregatione Sacrorum Rituum Ordinaria absqu interventu et voto Consultorum, licet nondum elapso decennio a die præsentatio

Processus Ordinarii in Actis Sacræ ipsius Congregationis, neque eorumdem Servorum Dei scriptis adhuc perquisitis atque examinatis; Emus et Rmus Dnus Cardinalis Isidorus Verga, hujusce Causæ Relator, instante Rev. Patre Fr. Bernardino a Cryptis Castri, Sacerdote Professo ac Postulatore Generali Causarum Beatificationis et Canonizationis Servorum Dei Ordinis Minorum Sancti Francisci de bservantia, attentisque Postulatoriis litteris plurium Eminentissimorum Sancæ Romanæ Ecclesiæ Cardinalium, Reerendissimorum Sacrum Antistitum, aliomque Virorum ecclesiastica dignitate lustrium, in Ordinario Sacrorum Rim Congregationis Conventu ad Vatium subsignata die habito sequens ium discutiendum proposuit nimim: *An sit signanda Commissio introlionis Causæ in casu; et ad effectum de agitur.*

minentissimi porro ac Reverendissimi res Sacris tuendis Ritibus præpositi, omnibus maturo examine perpensis, po auditum R. P. D. Augustinum Capra a Sanctæ Fidei Promotorem, qui sententi suam voce et scripto protulit, rescribe dum censuerunt : *Affirmative, seu signa dam esse Commissionem, si Sanctissi placuerit.* Die 17 Decembris 1885.

Quibus omnibus Sanctissimo Domi Nostro Leoni Papæ XIII a subscripto cretario fideliter relatis, Sanctitas S Sententiam Sacræ ejusdem Congregatio ea ipse ratam habuit et confirmavit, priaque manu signare dignita est Com sionem Introductionis Causæ prædi rum Servorum Dei Fr. Emmanuelis et Sociorum.

D. CARDINALIS BARTOLIN
S. R. C. PRÆF.

L. † S.

LAURENTIUS SALVATI
S. R. C. Secretarius.

DECRET

Béatification et de déclaration de Martyre

A DAMAS

DES VÉNÉRABLES SERVITEURS DE DIEU

FR. EMMANUEL RUIZ

des Mineurs Observants

ET SES SEPT COMPAGNONS.

Le souvenir toujours renouvelé dans ise de la Passion du Sauveur pro- t une semence perpétuelle et bien fé- de de Martyrs. Aussi ne peut-il se e que parmi les fidèles il ne se trouve âmes généreuses qui s'approprient cle de l'Esprit-Saint et disent de pa- s et d'effet à J.-C. crucifié : *Pour vous s avons été tourmentés tout le jour : s avons été regardés comme des brebis inées à la mort*, Ps. 43. 22. Parmi ces nobles cœurs, tout récemment des disciples de François, Emmanuel Ruiz, Carmel Botta, Engelbert Kolland, Nicanor Mianio, Nicolas Alberca, Pierre Soler tous six prêtres, et deux frères lais, François Pinazo et Jacques Fernandez, soutenant vaillamment le combat spirituel de J.-C. ont offert leurs corps comme un sacrifice d'agréable odeur pour la vérité de la foi divine et par une victoire admirable ont acquis la gloire du martyre. Ils habitaient le couvent de Damas lorsque, le 7 Juillet 1860, les Mahométans toujours remplis d'une fureur séculaire contre la divinité de J.-C. ourdissent un horrible complot contre les Fidèles et, exposant à des profanations sacrilèges le salutaire étendard de la Croix, dans leur rage impie, égorgent u nombre considérable de Chrétiens. Pendant la nuit, ils se ruent sur le Couvent d Franciscains, accablent les Religieux d'horribles outrages et vomissent contre la religion chrétienne et ses saints mystères l plus affreux blasphèmes. Ils passent e suite aux flatteries: mais cette tactique restant sans effet, ils en reviennent aux menaces et essaient d'effrayer leurs victimes. L'héroïque constance des Franciscains soutient vaillamment ce nouvel assaut: aussi tous sont-ils torturés et mis à mort dans d'indicibles tourments. Huit victimes sont immolées à J.-C. et par l'effusion de leur sang méritent de recevoir la palme glorieuse du martyre.

Pleins d'admiration pour une telle force 'âme, les Chrétiens considèrent aussiôt après leur mort ces soldats du Christ omme des Martyres, implorent leur assisance et témoignent devoir à leur interession auprès de Dieu nombre de grâces et de faveurs. La renommée de leur gloire e se circonscrit pas dans les limites de amas, mais elle se dilate et s'étend au oint que l'Autorité Ecclésiastique d'Alep t ouvrir une procédure relative à leur artyre.

Aussi l'année dernière, Sa Sainteté le e Léon XIII daigna-t-elle accorder que l'on s'occupât dans la Congrégation Ordinaire des Rites, sans l'intervention ni le vote des Consulteurs, du Doute relatif à la signature de la Commission de l'Introduction de la Cause desdits Serviteur de Dieu, bien que ne fût pas encore écoulé le laps de dix ans depuis le jour de l présentation du Procès de l'Ordinaire dans les actes de cette S. Congrégation et qu les écrits de ces Serviteurs de Dieu n fussent pas encore dépouillés ni examiné En vertu de cette concession, l'Emine tissime et Révérendissime Cardinal Isidor Verga, Rapporteur de cette Cause, sur l instances du R. P. Fr. Bernardin des Groll de Castro, Prêtre Profès et Postulateur néral des Causes de Béatification et de nonisation des Serviteurs de Dieu de l' dre des Frères Mineurs de l'Observa prenant en considération les lettres Po latoires de plusieurs Eminentissimes C dinaux de la Ste Eglise Romaine, de sieurs Révérendissimes Prélats et d'a personnages constitués en dignité ec siastique, proposa dans le Congrès Ordinaire de la S. Congrégation des Rites tenu au Vatican à la date sous-indiquée la discussion du Doute suivant : *Convient-l de signer la Commission de l'Introducon de la Cause dans l'espèce et à l'effet ont s'agit ?*

Or, les Eminentissimes et Révérendisimes Pères préposés à la garde des S. Riès, après avoir tout mûrement examiné et oir entendu le R. P. D. Augustin Capra- Promoteur de la Foi, qui donna son timent verbalement et par écrit, décirent de répondre : *Affirmativement*, *c'est-dire, qu'il fallait signer la Commission le Saint Père l'agréait*. 17 Décembre 1885.

Une relation fidèle de tous ces faits nt été présentée à sa Sainteté Léon XIII le Secrétaire soussigné, Sa Sainteté a et confirma le même jour la décide la S. Congrégation et daigna side sa propre main la Commission l'Introduction de la Cause desdits Vénérables Serviteurs de Dieu Fr. Emmanuel Ruiz et ses Compagnons.

D. CARDINAL BARTOLINI, Préfet de la S. Congrégation des Rites.

L. † S,

Laurent SALVATI, secrétaire de la S. Congrégation des Rites.

N. B. — La poursuite du Procès de Béati cation exigeant de grandes dépenses, le T. R. P Postulateur de la Cause près le Saint-Siége, une lettre circulaire en date du 1 Mars 1 adresse un chaleureux appel à la charité fidèles zélés pour la gloire de Dieu, le triom des Saints et l'honneur de la Terre-Sainte personnes qui, désireuses de se concilier l tection de ces Vénérables Serviteurs de voudraient contribuer à cette bonne œuvre, priées d'envoyer leur offrande au T. R. Commissaire Général de Terre-Sainte, rue Fourneaux, 83, à Paris-Vaugirard. Si m que soit le don, il sera reçu avec reconnai

TABLE

ON TROUVE A LA MÊME LIBRAIRIE

Paris. — Imp. G. Téqui, 92, rue de Vaugirard.

Paris. — Imprimerie G. TEQUI, 92, Rue de Vaugirard, 92.

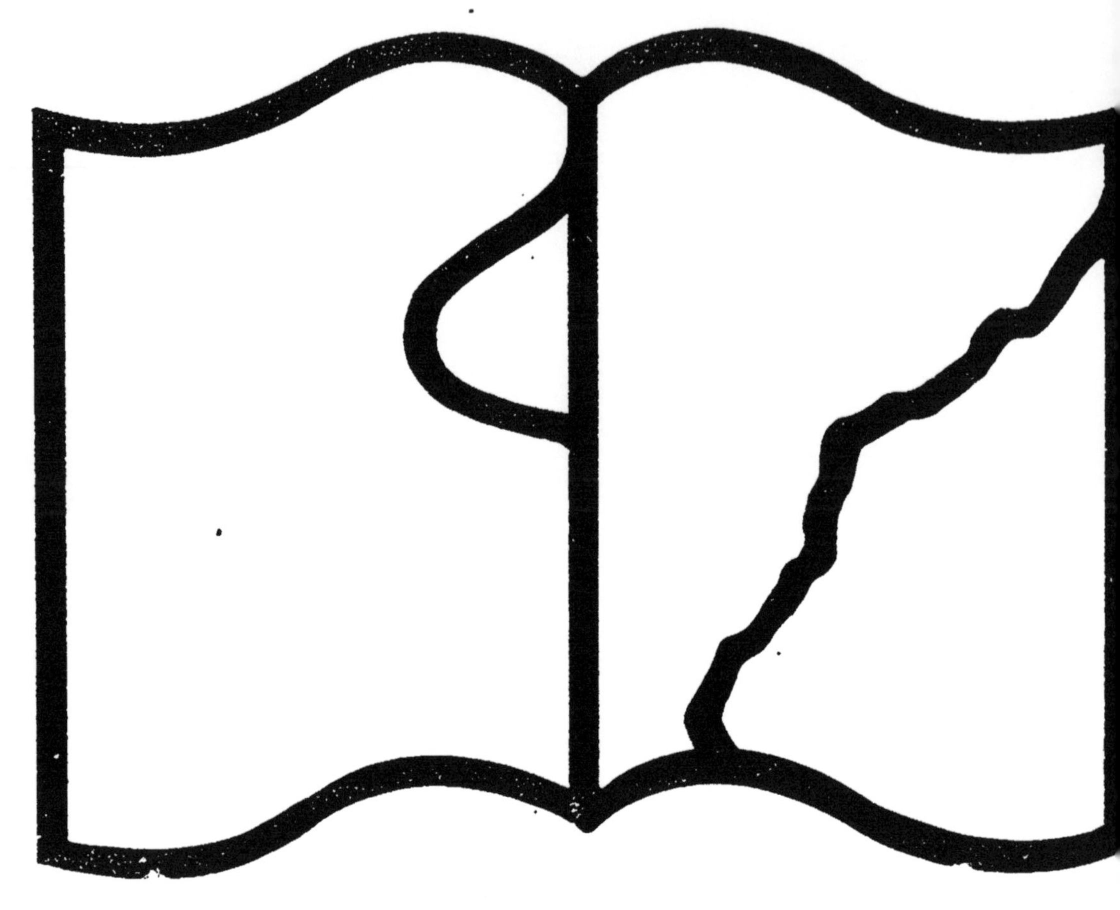

Texte détérioré — reliure défectueuse

NF Z 43-120-11

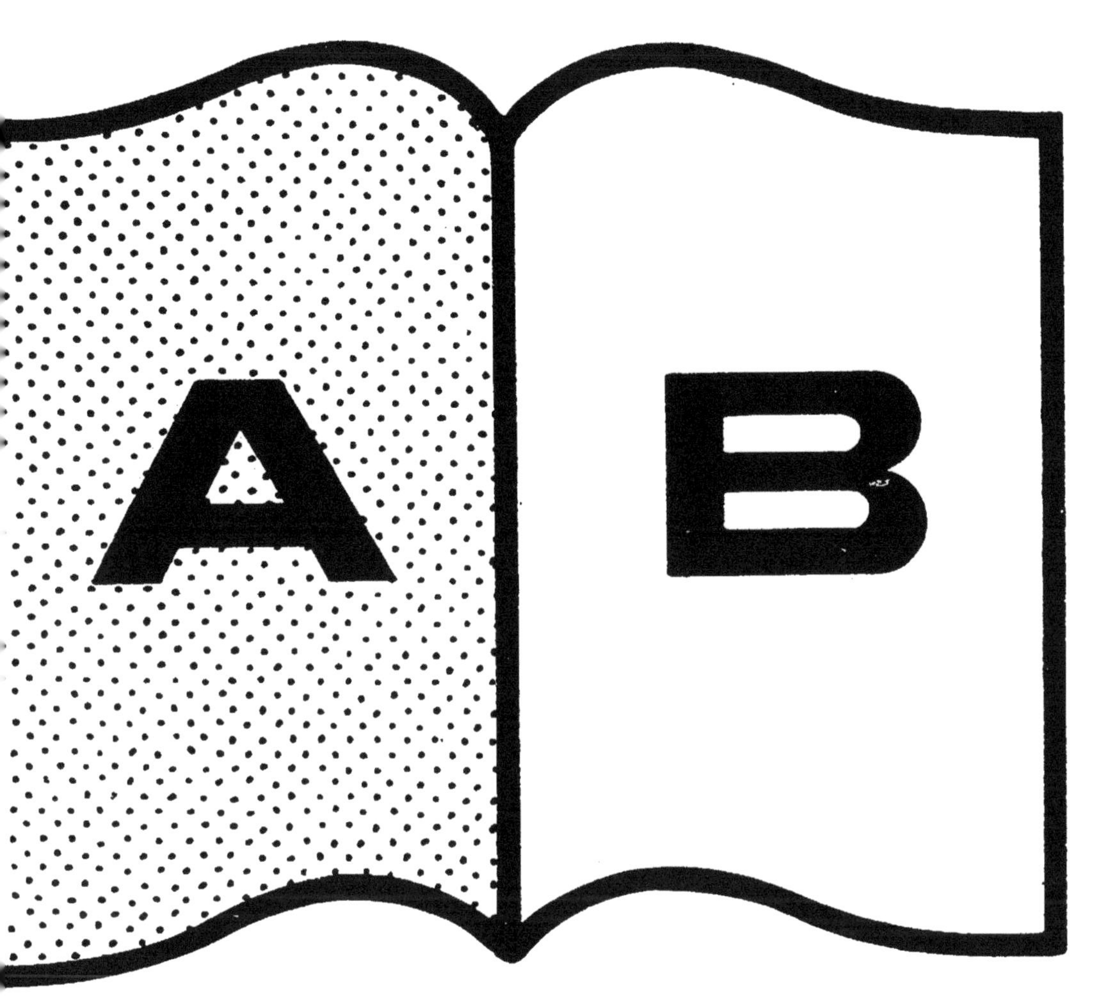

Contraste insuffisant

NF Z 43-120-14

www.ingramcontent.com/pod-product-compliance
Ingram Content Group UK Ltd.
Pitfield, Milton Keynes, MK11 3LW, UK
UKHW012241240726
13966UKWH00003B/1206

9 782012 848474